# 백남준

# 백남준

공지희 글  김수박 그림

비룡소

백남준은 1932년 7월 20일, 서울의 가운데쯤 자리한 서린동에서 이남 삼녀 중 막내로 태어났어요.
　남준이의 아버지는 동대문 종로 거리에서 사업을 크게 했어요. 할아버지도 궁궐에 옷감을 대는 큰 상인이었지요. 남준이는 넉넉한 집안에서 부족함 없이 자랐어요. 하지만 그 무렵 우리나라는 아주 어려운 형편에 놓여 있었어요. 일본의 지배를 받는 식민지였거든요.

남준이는 어릴 때부터 음악에 관심이 많았어요. 큰누나가 집에서 늘 피아노를 연주한 덕분에 어깨너머로 피아노 음도 익혔지요.

"어우 누나, 나도 피아노 칠래!"

남준이는 큰누나를 "어우, 크다." 해서 '어우 누나'라고 불렀어요. 작은누나는 "애개, 작다." 하며 '애개 누나'라고 불렀지요.

남준이는 피아노 치는 큰누나 옆에 찰싹 달라붙어 앉아 같이 피아노를 뚱땅거렸어요.

아버지는 남준이가 피아노를 칠 때마다 무섭게 호통을 쳤어요.

"남자가 시끄럽게 피아노를 뚱땅거리면 못쓴다."

아버지는 남준이가 사업가가 되기를 바랐어요.

"할아버지는 조선의 큰 상인이셨고, 이 아비도 서울에서 가장 큰 사업가야. 그러니 너도 할아버지와 아비의 뒤를 이어서 훌륭한 사업가가 되어야 한다."

남준이는 사업가가 되는 것보다 피아노 치는 게 더 좋았지만, 아버지가 무서워서 아무 말 하지 못했어요.

그래도 음악에 대한 남준이의 관심은 수그러들지 않았어요. 남준이는 흙바닥에 피아노 건반을 그려 놓고는 곧잘 피아노 치는 흉내를 냈어요. 모래흙에다 이상한 악보를 그리며 제 나름대로 작곡을 하기도 했지요.

남준이네는 사 대가 모여 사는 대가족이었어요.

어느 날 남준이의 엄마와 큰엄마, 작은엄마, 사촌 누나가 아주 신나는 일을 벌였어요. 여자들끼리만 사진을 찍기로 한 거예요.

"그냥 찍으면 심심할 텐데……. 사진을 재밌게 찍을 방법이 없을까요?"

"남자로 분장을 하고 찍으면 어때요?"

"그거 참 재밌겠구나."

　엄마와 큰엄마, 작은엄마, 사촌 누나는 남자로 변장했어요. 남자 양복을 입고 모자를 쓰고 구두를 신었지요. 남자 두루마기를 입고 갓을 쓰기도 했어요. 그러고는 다들 에헴 소리를 내며 사진을 찍었어요. 지켜보던 남준이도 덩달아 신이 났지요.

　그런 가족들만큼이나 남준이는 남다른 데가 많은 아이였어요.
　남준이가 세 살 때쯤, 큰누나가 진청색 뜨개 바지를 떠 주었어요. 남준이는 그 바지를 입고 놀다가 갑자기 엉뚱한 생각에 사로잡혔어요.
　'이 바지를 가위로 오리면 어떻게 될까?'
　남준이는 곧바로 가위를 들고 뜨개 바지의 무릎을 싹둑싹둑 오려 냈어요. 뭐든지 생각이 나면 곧바로 해 봐야 직성이 풀렸지요.

남준이는 친구들과 놀다가 혼자 슬그머니 사라질 때가 많았어요. 라디오나 시계를 뜯어 그 속에 있는 부품을 만지작거리느라 그런 것이었지요.
　책이랑 신문도 많이 읽었어요. 세상에 대해 궁금한 것, 알고 싶은 것, 보고 싶은 것이 너무너무 많았거든요.
　또 남준이는 여기저기 부지런히 구경거리를 찾아다녔어요. 영화도 보고, 서커스도 구경하고, 일본 씨름인 스모도 즐겨 봤지요. 가끔씩은 어린애답지 않게 친구들에게 "너희도 책 많이 봐야 한다." 하고 잔소리를 하기도 했어요.

1945년 남준이는 경기 보통 중학교에 입학했어요.

남준이는 학교에 자동차나 말을 타고 가서 친구들을 깜짝 놀라게 했어요. 그때 자동차와 말은 아무나 탈 수 있는 게 아니었어요.

"남준이네 집은 어마어마한 부자래. 그런데도 남준이는 부자라고 뽐내지도 않고, 가난한 친구들을 무시하지 않아서 좋아."

남준이는 부잣집 아이 같지 않게 옷차림도 소박했어요. 구겨진 바지를 입고 떨어진 운동화를 신고도 아무렇지 않게 다녔지요.

남준이에게 겉모습은 조금도 중요하지 않았어요. 남준이는 늘 음악 생각뿐이었거든요.

그러던 어느 날 남준이에게 좋은 기회가 찾아왔어요.
"남준아, 큰누나 친구인 신재덕 군이 네 학교 음악 선생이 되었단다. 이참에 피아노를 정식으로 배워 보면 어떻겠니?"
신재덕 선생은 남준이에게 피아노뿐 아니라 음악을 두루 가르쳐 주었어요. 남준이는 음악에 대한 꿈을 맘껏 펼쳤지요.

재능이 뛰어난 남준이를 가르치는 일은 신재덕 선생에게도 큰 즐거움이었어요.
　신재덕 선생은 가끔 웃으며 큰누나에게 말했어요.
　"제법 어려운 곡을 치게 되니 아주 제멋대로야. 음은 맞는데, 강약을 무시하고 박자도 마음대로지 뭐야."

얼마 뒤 남준이는 또 한 명의 스승인 이건우 선생을 만났어요. 이건우 선생은 무척 앞선 음악 감각을 지닌 사람이었어요. 남준이는 이건우 선생에게 작곡을 배웠지요.

어느 날 이건우 선생이 남준이에게 '아르놀트 쇤베르크'라는 음악가에 대해 이야기해 주었어요.

"서양 음악에는 '도레미파솔라시'라는 일곱 개의 음이 있어. 하지만 음의 세계는 그렇게 틀에 박힌 일곱 개의 소리로만 표현할 수 있는 게 아니야. 쇤베르크는 음이 일곱 개라는 고정 관념을 깨고 더 넓고 새로운 음악을 찾은 사람이란다."

새롭고 넓은 음의 세계, 그것은 남준이를 한순간에 사로잡았어요.

"나도 일곱 개의 음만으로는 표현할 수 없는 음악, 악기로 표현할 수 없는 다양한 소리의 세계를 찾을 거야!"

때로 남준이는 친구들에게 자신이 작곡한 곡들을 들려주기도 했어요.

"잘 들어 봐. 조벽암의 시 「향수」로 만든 노래야. '해만 저물면 바닷물처럼 짭조름이 저린…….'"

친구들은 남준이의 곡을 잘 이해하지 못했지만, 열심히 들어 주었어요.

"자, 다음 곡은 자장가야."

남준이가 자장가를 연주하자 친구들이 하나둘 잠들었어요. 정말로 잠이 든 친구도 있었지만, 남준이를 위해 일부러 잠든 척한 친구도 있었지요.

남준이의 소년 시절이 마냥 행복하기만 했던 것은 아니에요.
 당시 우리나라는 일본에 나라를 빼앗기고 식민 지배를 받고 있었어요. 우리나라 사람들은 땅과 재산을 빼앗긴 채 늘 감시당하며 살아야 했지요.

어려운 나라 사정에 남준이의 머릿속도 복잡했어요. 남준이는 우리나라 사람들이 일본 사람들 때문에 고통 받지 않기를 바랐어요. 그리고 모두가 가난을 털고 다 같이 잘사는 날이 오기를 빌었지요.

열여덟 살 때 남준이는 아버지를 따라 홍콩으로 갔어요.

아버지는 남준이가 음악에 빠져 엉뚱한 생각을 하는 게 못마땅했어요. 그래서 당분간 다른 나라에 멀리 떼어 놓고 경영 공부를 시킬 작정이었지요.

남준이는 아버지의 뜻대로 육 개월쯤 홍콩의 영국인 학교에 다녔어요. 하지만 그것이 남준이를 바꾸어 놓지는 못했어요.

"나는 사업에 맞지 않아. 나는 음악이 하고 싶어."

홍콩에서 돌아온 뒤 남준이는 아버지가 더욱 멀게 느껴졌어요. 그리고 절대로 사업가가 되지 않겠다고 마음먹었지요.

　1952년 백남준은 일본으로 건너가 도쿄 대학교에 입학했어요. 아버지에게는 경제학을 공부하겠다고 말했지만, 실제로는 음악과 미술, 문학을 공부하는 미학과에 들어갔지요.

　1956년 도쿄 대학교를 졸업한 백남준은 독일로 가서 공부를 계속하기로 했어요. 백남준은 뮌헨 대학교와 프라이부르크 대학교에서 본격적으로 음악 공부를 시작했어요.

1958년 백남준은 작곡가 존 케이지를 만나 큰 충격을 받았어요. 존 케이지는 사람들이 떠드는 소리나 물건이 부딪치는 소리, 자동차 경적 등도 음악이 될 수 있다는 걸 보여 주었어요. 그건 '도레미파솔라시'의 일곱 음으로 구성된 서양 음악의 전통을 뒤집는 일이었지요.
　"세상의 모든 소리가 다 음악입니다. 소음도 주의 깊게 들어 보면 얼마나 환상적인 음악인지 몰라요."
　존 케이지는 백남준이 그렇게 우러르던 쇤베르크의 음악 세계를 실천에 옮긴 사람이었어요. 존 케이지의 음악은 백남준에게 진짜 예술가가 될 수 있도록 상상력을 불어넣어 주었지요.

그다음 해에 백남준은 독일 뒤셀도르프에서 첫 번째 연주회를 열었어요.

「존 케이지에 대한 경의 - 테이프와 피아노를 위한 음악」이라는 제목으로 열린 백남준의 연주회는 매우 특별했어요.

연주회가 시작되자 백남준이 녹음한 테이프에서 먼저 '운명 교향곡'이라고도 불리는 베토벤 교향곡 제5번이 흘러나왔어요. 이어서 여러 클래식 음악들이 흘렀지요. 그러고는 갑자기 사이렌과 복권 당첨 소리가 났어요. 수탉 우는 소리와 오토바이에 시동 거는 소리도 들렸지요.

관객들은 백남준의 연주회를 무척 낯설어했어요. 악기로 아름다운 음악을 연주하는 게 아니라, 여러 가지 소리를 모아 들려주는 연주였기 때문이지요.

백남준은 이 연주회를 통해 '모든 소리는 음악이다.'라고 말하고 싶었어요.

1960년대 들어 처음으로 텔레비전이 나왔어요.
　당시 사람들에게 텔레비전은 놀랍고도 신기한 물건이었어요. 네모난 상자 속에 조그만 사람들이 나와서 이야기하고 춤추고 물건을 광고하는 등 별의별 일이 다 일어났거든요.
　사람들은 텔레비전에 홀딱 빠졌어요. 얼마 지나지 않아 집집마다 텔레비전이 자리를 잡았지요.

　백남준은 텔레비전을 보고 반가워 펄쩍 뛰었어요.
　"바로 이거야! 텔레비전!"
　백남준은 텔레비전의 매력을 한눈에 알아보았어요. 텔레비전을 통해 또 다른 예술을 할 수 있을 거라고 생각했지요.

곧 백남준은 텔레비전을 이용한 전시회를 계획했어요. 백남준이 생각한 전시회에는 텔레비전이 여러 대 필요했어요.

하지만 이 무렵 백남준은 무척 가난한 처지였어요. 큰 부자였던 백남준의 집이 갑자기 망하고 말았거든요.

백남준은 집에서 보내 준 마지막 학비를 아껴서 텔레비전 열세 대를 샀어요. 그리고 그 텔레비전들로 1963년에 「음악의 전시-전자 텔레비전」을 열었지요.

「음악의 전시-전자 텔레비전」

「음악의 전시-전자 텔레비전」을 본 사람들은 어리둥절해했어요.

"뭐야? 텔레비전이 왜 이래?"

「음악의 전시-전자 텔레비전」에 전시된 텔레비전은 온전한 것이 하나도 없었어요. 어떤 텔레비전은 발로 밟아야 작동이 되었고, 또 어떤 텔레비전은 화면에 가느다란 선 하나밖에 보이지 않았지요.

백남준의 텔레비전들은 사람들이 평소에 생각해 왔던 텔레비전과 전혀 달랐어요. 백남준이 텔레비전의 기능을 완전히 바꾸어 버린 거예요.

당시 사람들은 텔레비전을 아주 귀하게 여기며 떠받들었어요.

백남준은 사람들이 텔레비전에 휘둘리는 것이 마음에 들지 않았어요. 그래서 일방적으로 볼거리를 보여 주는 텔레비전이 아니라, 관객들이 직접 만지고 움직일 수 있는 텔레비전을 만들었어요.

관객들은 텔레비전의 변신에 깜짝 놀랐어요. 하지만 곧 자유롭게 만지거나 참여할 수 있는 백남준의 텔레비전을 흥미로워했지요.

"지금의 텔레비전은 영상을 보여 주기만 합니다. 하지만 곧 우리 스스로 영상을 만들어 낼 수 있는 텔레비전이 나올 것입니다."

　백남준의 말대로 얼마 후 비디오카메라가 개발되었어요. 백남준은 비디오카메라를 사서 자신이 원하는 장면을 촬영했어요.

　"나는 꼼짝하지 않는 그림물감과 캔버스를 쓰는 대신 텔레비전 화면에 움직이는 그림을 만듭니다. 돌과 나무를 대신해서 텔레비전으로 조각 작품을 만들지요."

　이렇게 텔레비전과 비디오를 이용해 표현한 예술을 '비디오 아트'라고 해요. 백남준은 비디오 아트를 통해 사람들이 예술을 좀 더 쉽게 느끼고 가까이 하기를 바랐어요.

1964년 서른세 살의 백남준은 텔레비전 기술을 공부하기 위해 일본으로 갔어요.
그곳에서 백남준은 비디오 기술 개발의 중요한 동료인 슈야 아베를 만났어요.

백남준은 슈야 아베와 함께 '로봇 K(케이)-456'을 만들었어요. 로봇 K(케이)-456은 이후 백남준의 작품 활동에서 큰 역할을 했어요.

로봇 K(케이)-456은 백남준을 닮아 무척 엉뚱했어요.
"삐리삐리. 안녕하세요, 나는 로봇 K(케이)-456입니다. 키는 185센티미터고 몸무게는 30킬로그램입니다. 이래 봬도 나는 관절이 열한 개나 된답니다. 나는 사람들이 하기 곤란한 말을 대신합니다. 욕도 하고요. 크게 소리칠 수도 있습니다. 꽥꽥! 랄랄라, 노래도 잘합니다. 구호도 외칠 수 있고, 오줌도 눕니다. 키키키."

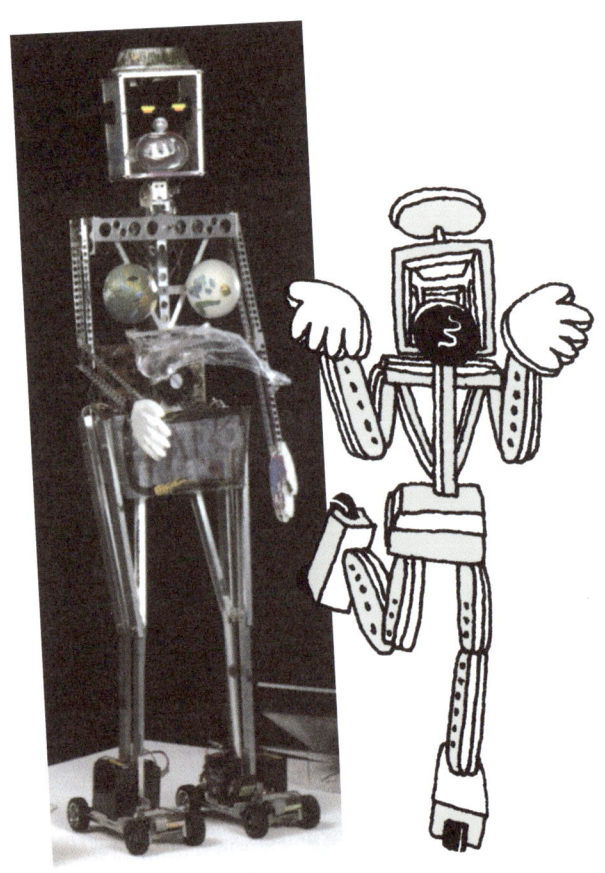

「로봇 K(케이)-456」

"귀찮은 일은 로봇 K(케이)-456, 네가 다 해라."

로봇 K(케이)-456은 또 다른 백남준이었어요.

이 로봇은 백남준과 함께 공연에 나서서 관객들에게 고래고래 소리를 지르고 큰 소리로 노래를 했어요. 관객들은 그런 로봇 K(케이)-456을 무척 좋아했지요.

1964년 8월, 백남준은 뉴욕으로 건너가 첼로 연주자인 샬럿 무어만을 만났어요.

마음이 맞은 두 사람은 뉴욕 아방가르드 페스티벌에서 함께 공연을 하기로 했어요. 로봇 K(케이)-456도 함께였지요.

샬럿 무어만은 첼로를 연주하고 백남준은 로봇 K(케이)-456과 공연을 했어요. 로봇 K(케이)-456은 무대 이곳저곳을 돌아다니면서 노래를 부르고, 관객들을 향해 험한 말을 내뱉었어요. 관객들은 로봇 K(케이)-456에 마음을 홀딱 빼앗겼지요.

이 공연을 시작으로 백남준과 샬럿 무어만은 수많은 공연을 함께 했어요. 백남준은 샬럿 무어만과 함께 자신의 예술적 상상력을 마음껏 펼쳤지요.

백남준은 여러 전시회와 공연을 통해 작품을 계속 발표했어요.

「TV(티브이) 정원」이라는 전시회에서 백남준은 전시장을 나무와 식물들로 정원처럼 꾸미고, 그 사이사이에 텔레비전 이삼십 개를 놓아두었어요.

전시장 바닥에 편안히 앉은 관객들은 텔레비전을 자연의 일부로 느꼈어요. 몇몇 관객들은 털버덕 주저앉아 "자고 싶다."고 중얼거리기도 했지요.

「TV 정원」

　「TV(티브이) 물고기」 때는 전시장 천장에 텔레비전을 가득 매달아 두었어요. 관객들은 바닥에 누워 텔레비전 안에서 헤엄치는 물고기들을 감상했지요.
　"와, 물고기가 하늘을 난다."
　"아니야. 우리가 깊은 바닷속에 들어와 있는 거야."
　「TV(티브이) 침대」는 텔레비전을 침대처럼 만든 작품이었어요. 사람들은 텔레비전 침대에 누워 보며 신기하고 재밌어 했지요.

「TV 침대」

백남준은 텔레비전으로 여러 인물들을 만들기도 했어요.

「두 스승」은 신재덕 선생과 존 케이지에 대한 존경의 마음을 담아 만든 작품이었어요. 「로봇 가족」에서는 텔레비전으로 할아버지, 할머니, 삼촌, 외숙모를 만들었지요. 또 「김유신」, 「정약용」, 「스키타이의 왕 단군」처럼 우리나라의 역사 인물들도 텔레비전으로 만들었어요.

「보이스 보이스」　　　　　　　　　　　「아기 부처」

「TV(티브이) 브라」, 「TV(티브이) 안경」, 「TV(티브이) 첼로」, 「TV(티브이) 부처」 등 백남준이 텔레비전으로 만든 작품들은 모두 사람들의 상상을 뛰어넘는 독특한 아이디어로 반짝였어요.

"창의적이지 못하면 살아남을 수 없습니다. 예술도 그렇지만 삶 자체도 마찬가지예요. 창의력 있는 삶을 살려고 노력할 때만 성공할 수 있습니다. 그게 나의 신념이에요."

1984년 1월 1일, 백남준은 전 세계가 깜짝 놀랄 만한 이벤트를 준비했어요. 바로 「굿모닝 미스터 오웰」이라는 방송 공연이었지요.
　이날 백남준은 뉴욕과 파리의 여러 장소에서 다양한 예술가들이 공연하는 모습을 인공위성을 통해 베를린, 샌프란시스코, 서울 등에 동시에 생중계했어요.
　백남준은 이 공연을 지휘하고 감독하며 세계적으로 더더욱 유명해졌지요.

백남준은 「굿모닝 미스터 오웰」을 통해 텔레비전이 힘 있는 사람들의 주장만 전하는 도구라는 조지 오웰(『동물 농장』, 『1984년』 등을 쓴 영국의 소설가)의 생각이 틀렸다고 주장했어요. 백남준은 사람들이 텔레비전을 통해 자유롭게 소통할 수 있다고 믿었지요.

 「굿모닝 미스터 오웰」을 본 사람들은 백남준에게 뜨거운 박수를 보냈어요.

"새로운 감각, 새로운 소재, 새로운 표현,
여러 예술들을 합한 종합 예술에 대해 눈뜨게 했다."
"예술의 힘찬 생명력을 보여 준 잔치."
"과학과 예술의 만남이 문화적 충격을 주었다."

백남준은 자신에 대한 사람들의 관심이 '참여하는 텔레비전'에 대한 생각으로 활짝 꽃피기를 바랐어요.

이 년 뒤 백남준은 또 하나의 위성 중계 공연을 펼쳤어요. 「바이 바이 키플링」이라는 이 작품은 동양과 서양의 만남이 불가능하다고 주장한 러디어드 키플링(영국의 소설가, 시인)의 생각을 반박하는 것이었어요.

　동양에서 태어나 서양에서 활동한 백남준에게 동양과 서양의 만남은 아주 자연스러운 일이었어요. 백남준은 동양과 서양의 화합을 자주 작품의 주제로 다루었어요.

　백남준은 텔레비전을 캔버스 삼아 계속 놀라운 작품들을 발표했어요. 고작 몇백 명 앞에서 몇 시간 공연하는 것으로 끝났을 진귀한 볼거리들을 전 지구촌 사람들이 함께 즐길 수 있도록 만들었지요.

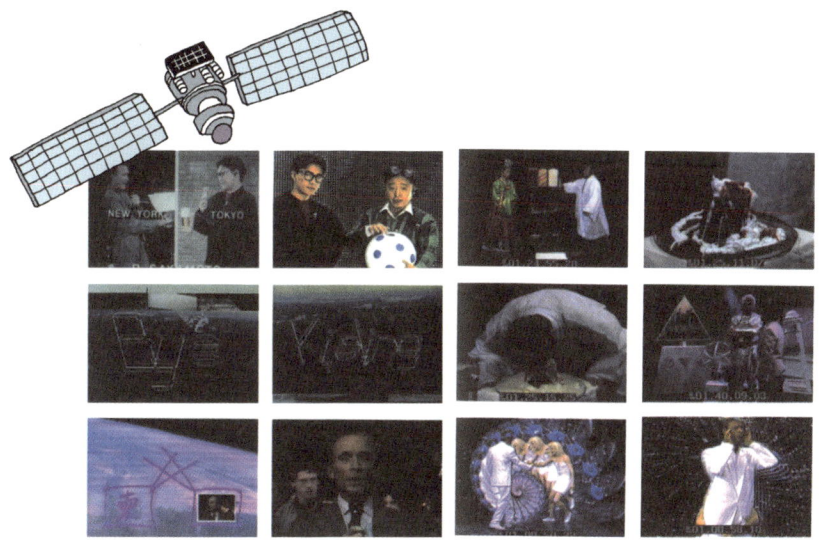

「바이 바이 키플링」, 「손에 손 잡고」

    1988년 백남준은 서울 올림픽에 맞추어 「손에 손 잡고」를 공연했어요. 백남준은 운동과 예술이야말로 서로 다른 사람들이 마음을 나눌 수 있는 가장 강력한 방법이라고 생각했어요. 그래서 전 세계 십여 개 나라에서 벌어지는 노래와 춤 공연을 서울 올림픽 중계와 함께 보여 주었지요.

    백남준에게 텔레비전은 동양과 서양, 부자와 가난한 사람, 자유로운 사람과 갇히고 소외된 사람들을 하나로 이어 주는 도구였어요.

1988년 10월 3일 개천절, 백남준은 서울 올림픽을 기념해 과천 국립 현대 미술관에 「다다익선」이라는 작품을 설치했어요.

　처음 전시회장을 보았을 때 백남준에게 재밌는 아이디어가 불쑥 떠올랐어요.

　"일 층부터 천장까지 작품을 설치해 봅시다. 개천절인 10월 3일에 맞춰 텔레비전 천세 대를 설치하고, 제목은 '많을수록 좋다'는 뜻의 「다다익선」으로 짓지요."

　백남준을 도와 작품의 구조 설계를 맡았던 사람은 감탄했어요.

　"단순한 통로를 이렇게 훌륭한 전시 공간으로 바꾸다니, 역시 백남준이야."

「다다익선」

　1996년 백남준은 뇌졸중으로 쓰러졌어요. 다행히 위급한 상황은 넘겼지만, 몸 왼쪽이 마비되어서 휠체어 없이는 움직일 수 없게 되었지요.
　그래도 백남준은 좌절하지 않았어요. 오히려 자신을 위로하는 사람들에게 밝은 얼굴로 말했지요.
　"나는 괜찮아. 머리는 아주 잘 돌아가니까. 입도 잘 돌아가서 말도 잘하고."
　백남준은 불편한 몸으로도 끊임없이 새로운 작품을 만들었어요.

1999년 12월 31일 열두시, 묵은 천 년이 새 천 년으로 바뀌는 때에 백남준은 세계 여든일곱 개 나라의 방송을 통해 "호랑이는 살아 있다!"고 외쳤어요.

　"우리 한국인은 호랑이입니다. 사람들은 호랑이가 세상에서 없어진 줄 알지만 호랑이는 백두산에도, 한라산에도, 금강산과 설악산에서도 살아남았어요. 그리고 21세기에 다시 포효할 준비를 하고 있지요. 우리 한국인은 이제 어둠의 터널을 빠져나와 세계에 우리의 존재를 알릴 때가 되었어요."

　백남준이 십 년 만에 발표한 비디오 아트에는 한국에 대한 사랑이 담겨 있었어요.

「호랑이는 살아 있다」

백남준의 머릿속은 아이디어의 보물 창고였어요. 언제나 낯설고 신기한 아이디어가 늘어서 있었지요.

"나는 머릿속에 떠오르는 아이디어들을 현실에서 표현합니다. 그것은 때로는 음악이 되고, 때로는 로봇이 되고, 때로는 비디오 아트가 됩니다. 텔레비전으로 만든 조각, 그림, 노래, 시, 그리고 몸으로도 표현됩니다. 한 가지 분야만으로는 절대 나의 예술 정신을 표현할 수 없어요. 나의 예술은 비빔밥입니다."

2006년 1월 29일, 백남준은 사랑하는 사람들과 헤어져 하늘나라로 갔어요. 백남준은 죽음을 두려워하지 않았어요. 죽기 전까지도 계속 작품을 만들었지요.

　그해 3월 18일, 백남준 추모제에서 백남준의 마지막 작품 「엄마」가 공개되었어요.

　텔레비전 화면에는 즐겁게 뛰노는 아이들의 모습이 떠 있었어요. 어린 세 자매는 신나게 뛰놀다가 한순간 "엄마! 엄마!" 하고 애타게 엄마를 불렀어요.

　아이들의 모습을 담은 텔레비전은 대나무 막대 옷걸이에 걸린 얇은 살구빛 두루마기 속에 폭 감싸여 있었어요. 두루마기 왼쪽 뒷자락에는 백남준이 불편한 몸으로 두 시간에 걸쳐 쓴 마지막 사인이 있었지요.

　백남준의 마지막 작품에는 한국과 어머니에 대한 사랑과 그리움이 담겨 있었어요.

「엄마」

# ♣ 사진으로 보는 백남준 이야기 ♣

### 백남준과 비디오 아트

1963년 백남준은 독일에서 세 대의 피아노와 열세 대의 텔레비전을 갖고 「음악의 전시-전자 텔레비전」이라는 전시회를 열었어요.

전시장 바닥에는 텔레비전이 마구 분해된 채 나뒹굴고 있었는데, 관객들이 발을 옮기자 화면이 움직이고 소리가 나기 시작했지요. 어떤 텔레비전은 화면이 거꾸로 나오기도 했고요.

이 전시회에서 백남준은 텔레비전의 기능을 완전히 바꾸어 버

백남준의 사진이에요. 유쾌하고, 상상력 넘쳤던 백남준의 성격이 엿보이지 않나요?

렸어요. 그는 일방적으로 볼거리를 보여 주는 텔레비전이 아니라 사람들과 소통하는 텔레비전을 보여 주었지요.

이 전시회는 최초의 비디오 아트로 불려요. 비디오 아트는 붓이나 물감처럼 텔레비전과 비디오를 이용해 표현한 예술을 말해요. 연필이나 물감으로 그림을 그리듯이, 비디오테이프(영상과 소리를 기록하는 기기)와 전파를 조정하여 그림을 만드는 것이지요.

텔레비전을 작품에 이용한 예술가들이에요. 이런 예술가들은 백남준 외에도 많았어요. 하지만 백남준처럼 텔레비전 기술을 연구하고 익혀서 그 기능을 완전히 바꾸어 놓은 사람은 없었지요. 그래서 사람들은 백남준을 '비디오 아트의 창시자'라고 불러요.

비디오 아트는 1960년부터 1970년대, 텔레비전과 비디오카세트리코더(비디오테이프를 녹화하거나 재생할 수 있는 기기)가 널리 퍼지면서 예술의 한 형태로 자리 잡았어요. 실험적인 영화 제작자나 사진가, 행위 예술가 등 많은 예술가들이 텔레비전을 이용한 비디오 아트 작품들을 발표했지요.

### 백남준의 친구들

존 케이지는 피아노나 바이올린 같은 악기가 내는 소리만 음악이라고 주장하는 고정 관념을 깨고, 새로운 음악을 시도한 미국의 작곡가예요. 그는 모든 음악 연주가 아름다울 필요는 없으며, 주의 깊게 들으면 라디오나 텔레비전에서 흘러나오는 소리, 기차와 자동차 소리, 공사장에서 들리는 소리도 얼마든지 환상적인 음악이 될 수 있다고 믿었지요.

존 케이지의 대표작인 「4분 33초」는 4분 33초 동안 연주자가 아무런 연주를 하지 않아요. 그러나 아무 소리가 없었던 건 아니에요. 객석에서 나는 기침 소리, 발을 움직이는 소리 등 관객들에게서 나는 각종 소리가 바로 연주였던 것이죠. 백남준은 이런 존 케이지에게 많은 영향을 받았어요. 여러 인터뷰를 통해 존 케이지와의 만남이 자신의 인생을 바꾸었다고 말했지요.

샬럿 무어만은 첼로 연주자이자 행위 예술가예요. 백남준은 1971년 샬럿 무어만과 함께 공

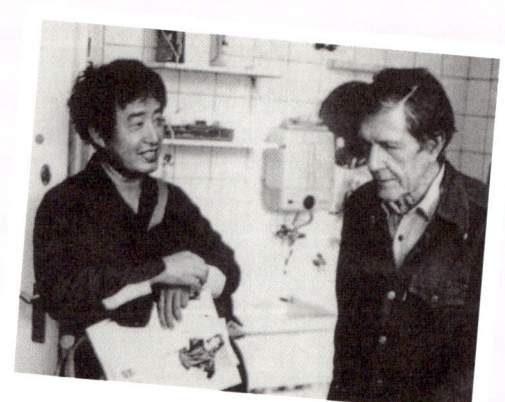

백남준과 존 케이지예요. 백남준은 존 케이지의 영향을 받아 피아노와 바이올린을 때려 부수는 공연을 하기도 했어요.

연한 「TV(티브이) 첼로」로 많은 사람들에게 이름을 알렸지요.

「TV(티브이) 첼로」는 샬럿 무어만이 텔레비전 모니터로 만들어진 첼로를 연주한 거예요. 이때 텔레비전 모니터에서는 샬럿 무어만이 '텔레비전 첼로'를 연주하는 장면이 나왔지요.

샬럿 무어만이 '텔레비전 첼로'를 연주하고 있어요.

구보타 시게코가 자신이 만든 「조깅하는 여인」 앞에 서 있어요.

백남준과 샬럿 무어만은 십여 년간 미국과 유럽에서 많은 공연을 함께했어요.

구보타 시게코는 백남준의 아내이자 비디오 예술가예요. 백남준과 구보타 시게코는 백남준의 도쿄 공연 때 처음 만나 1977년에 결혼했어요. 두

사진에서 맨 오른쪽에 있는 사람이 슈야 아베, 그 옆이 백남준이에요.

사람은 평생 부부로서, 비디오 예술가 동료로서 함께 했어요.

슈야 아베는 일본의 전자 공학자예요. 백남준은 1963년 도쿄에서 슈야 아베를 만나 비디오 예술을 하기 위해 필요한 텔레비전 기술을 연구했어요. 슈야 아베는 「로봇 K(케이)-456」을 비롯해 백남준의 비디오 예술을 기술적으로 뒷받침해 주었어요.

### 참여하는 텔레비전

백남준이 우리나라에 알려진 것은 1984년 1월 1일, 전 세계에 위성 중계된 「굿모닝 미스터 오웰」 덕분이었어요. 그 무렵 백남준은 이미 세계적으로 유명했지만, 우리나라에서는 여전히 낯선 예술가였지요.

「굿모닝 미스터 오웰」에서 백남준은 뉴욕과 파리에서 예술가들이 공연하는 모습을 인공위성을 통해 베를린, 샌프란시스코, 서울 등에 생중계했어요.

영국의 소설가 조지 오웰은 소설 『1984년』에서 텔레비전이 인간을 감시하는 수단이 될 거라고 주장했지만, 백남준은 그렇게 생각하지 않았어요. 백남준은 사람들이 텔레비전, 신문, 잡지, 영화 같은 대중 매체들을 통해 서로 어울리고 소통할 수 있다고 믿었지요. 「굿모닝 미스터 오웰」에서 실시간으로 지구 곳곳을 연결함으로써 백남준은 자신의 생각이 옳다는 것을 보여 주려고 했어요.

　백남준은 「굿모닝 미스터 오웰」에 이어 「바이 바이 키플링」과 「손에 손 잡고」 등 두 편의 위성 중계 공연을 더 발표했어요. 이 공연들을 통해 백남준은 '참여하는 텔레비전'의 가능성을 확대시켜 나갔지요.

「굿모닝 미스터 오웰」의 방송 장면이에요.

### 우리나라에서 볼 수 있는 백남준의 작품들

경기도 용인에 있는 백남준 아트 센터에는 「텔레비전 물고기」, 「TV(티브이) 부처」, 「TV(티브이) 시계」, 「로봇 K(케이)-456」 등 여러 작품들이 전시되어 있어요. 뉴욕에 있었던 백남준의 개인 스튜디오를 그대로 옮겨 온 '메모라빌리아'에서는 백남준의 손때가 묻은 작업 도구들뿐 아니라 백남준이 벽에 휘갈겨 쓴 전화번호, 작업 도면, 낙서, 친구의 사진, 포스터 등도 볼 수 있지요.

백남준 아트 센터에 있는 「로봇 K(케이)-456」, 「TV(티브이) 정원」이에요.

과천 국립 현대 미술관에 전시된 「다다익선」이에요.

과천 국립 현대 미술관에는 백남준이 1988년 서울 올림픽을 기념해 설치한 「다다익선」이 있어요. '다다익선'은 '많을수록 좋다'라는 뜻인데,

무려 천세 대의 텔레비전으로 만들어졌어요. 천세 대의 텔레비전은 개천절인 10월 3일을 기념한 것이기도 하지요.

부산 시립 미술관에는 마흔네 대의 텔레비전으로 만든 「덕수궁」이 있고요. 대전 시립 미술관의 「프랙탈 거북선」은 서울 광화문 광장에 전시되기도 했어요. 이 거북선은 낡은 모니터와 폴라로이드 카메라같은 오래된 가전제품과 고물을 모아 만든 거예요.

이처럼 백남준은 텔레비전을 이용해 수많은 작품들을 남겼어요.

대전 시립 미술관에 전시되어 있는 「프랙탈 거북선」이에요.

# 함께 보면 쏙쏙 이해되는 역사

◆ 1932년
서울에서 태어남.

**1930**

◆ 1952년
일본 도쿄 대학교에
입학함.

**1950**

● 1950년대 초반
그림물감이나 페인트를
떨어뜨리거나 뿌리는
'액션 페인팅'이 나타남.

◆ 1986년
「바이 바이 키플링」을
발표함.

◆ 1988년
「손에 손 잡고」를 발표함.
국립 현대 미술관에
「다다익선」을 설치함.

◆ 1984년
「굿모닝 미스터 오웰」을
발표함.

**1980**　　　　　　　　**1985**

◆ 백남준의 생애
● 현대 미술의 역사

1956년
독일 뮌헨 대학교, 프라이부르크 대학교에서 공부함.

1958년
존 케이지를 만남.

1963년
「음악의 전시-전자 텔레비전」을 엶.

1964년
슈야 아베와 「로봇 K(케이)-456」을 만듦. 뉴욕에서 샬럿 무어만과 공연함.

**1955**　　　　　　　　　**1960**

1950년대 후반
광고, 만화, 보도 사진 등을 주제로 한 '팝 아트'가 나타남.

2006년
세상을 떠남.

**2000**

추천사

# 「새싹 인물전」을 펴내면서

요즈음 아이들에게 '훌륭한 사람'이 누구냐고 물으면 '돈 많이 버는 사람'이라고 대답한다고 합니다. 초등학생의 태반은 가수나 배우가 되고 싶어 하고요. 돈 많이 버는 사람이나 연예인이라는 직업이 나쁘다는 것이 아니라, 아이들이 각자가 갖고 있는 재능과는 상관없이 모두 똑같은 꿈을 갖는 것 같아 걱정입니다. 또 한편으로는 아이들이 진정 마음으로 닮고 싶은 사람에 대한 정보가 부족한 것은 아닌가 하는 생각도 듭니다.

어릴수록 위인 이야기의 힘은 큽니다. 아직 어리고 조그마한 아이들은 자신이 보잘것없다고 생각하고 위인들의 성공에 감탄합니다. 하지만 그네들에게는 끝없이 열린 미래가 있습니다. 신화처럼 빛나는 위인들의 모습은 아이들에게 훌륭한 역할 모델이 되고, 그런 삶을 살기 위해 무엇을 어떻게 해야 할지를 알려 주는 밝은 등대가 됩니다.

그렇다면 우리가 어른으로서 아이들에게 권해야 할 위인전은 무엇일까요? 보통 우리가 생각하는 '위인'은 훌륭한 업적을 남긴

위대한 사람, 멋지고 능력 있는 사람입니다. 하지만 시대가 변했으니 아이들이 역할 모델로 삼을 수 있는 위인의 정의나 기준도 변해야 할 것입니다.

그런 의미에서 비룡소의 「새싹 인물전」은 종래의 위인전과는 다른 점이 많습니다. 시리즈 이름이 '위인전'이 아닌 '인물전'이라는 데 주목하기 바랍니다. 「새싹 인물전」은 하늘에서 빛나는 위인을 옆자리 짝꿍의 위치로 내려놓습니다. 만화 같은 친근한 일러스트는 자칫 생소할 수 있는 옛사람들의 이야기를 일상에서 만날 수 있는 재미있는 사건처럼 보여 줍니다.

또 하나, 「새싹 인물전」에는 위인전에 단골로 등장하는 태몽이나 어린 시절의 비범한 에피소드, 위인 예정설 같은 과장이 없습니다. 사실 이런 이야기들은 현대를 사는 아이들에게는 황당하고 이해하기 힘든 일일 뿐입니다. 그보다는 천 리 길도 한 걸음부터, 큰 성공도 자잘한 일상의 인내와 성실함이 없었다면 이루어질 수 없었다는 것을 알려 주는 것이 중요합니다. 세상 사람들의 우러름을 받는 이들도 여느 아이들과 같은 시절을 겪었음을 보여 줌으로써, 아이들에게 괜한 열등감을 주지 않고 그네들의 모습을 마음속에 담을 수 있도록 해 주는 것입니다.

 덧붙여 위인전이란 그 인물이 얼마나 훌륭한 업적을 남겼는가 보여 주는 것도 중요하지만, 얼마나 참된 인간다움을 보였는가를 알려 줄 필요도 있습니다. 여기서 '인간다움'이란 기본적인 선함과 이해심, 남을 위해 봉사할 수 있는 사랑과 배려, 그리고 한 가지 목표를 설정하고 앞으로 나아갈 수 있는 의지와 용기를 말합니다. 성취라는 결과보다는 성취하기 위한 과정을 보여 주고, 사회적인 성공보다는 한 인간으로서 얼마나 자기 자신에게 철저하고 진실했는지를 보여 주는 것이 중요하다는 것입니다.

 하지만 아무리 좋은 가르침도 사랑과 따뜻함이 없으면 억누름과 상처가 될 뿐이겠지요. 「새싹 인물전」은 나의 노력과 의지에 따라 얼마든지 의미 있는 삶을 살 수 있음을 알려 줍니다. 내가 알고 있는 삶 외에도 또 다른 삶이 존재할 수 있다는 것, 꿈을 키우고 이

루어 가는 과정에서 배우고 경험하게 되는 것들의 가치, 그런 따뜻함을 담고 있는 위인전입니다. 부디 이 책이 삶의 첫발을 내딛는 아이들에게 좋은 길잡이가 되었으면 하는 바람입니다.

> **기획 위원**
>
> 박이문(전 연세대 교수, 철학)
> 장영희(전 서강대 교수, 영문학)
> 안광복(중동고 철학 교사, 철학 박사)

● 사진 제공
  30, 36, 40, 44, 45, 49, 58, 60쪽, 61쪽(아래), 62, 63쪽_ 백남준 아트 센터.
  51쪽, 55쪽(상단 왼쪽), 59쪽, 60쪽(아래), 64쪽_ 토픽 포토 에이전시. 52, 55, 57쪽_ 중앙 포토.
  41, 42, 53, 55쪽, 61쪽(위), 65쪽_ 뉴시스.

**글쓴이 공지희**
2001년 《서울신문》 신춘문예에 「다락방 친구」가 당선되었다. 2003년 『영모가 사라졌다』로 황금도깨비상을 받았다. 지은 책으로 『착한 발자국』, 『마법의 빨간 립스틱』, 『이 세상에는 공주가 꼭 필요하다』, 『안녕, 비틀랜드』 등이 있다.

**그린이 김수박**
1974년 대구에서 태어나 건축 디자인을 전공했다. 대학 신문에 시사 만화를 연재하면서 만화 활동을 시작했다. 지은 책으로 『메이드 인 경상도』, 『이봉창: 나! 이봉창』, 『아재라서 1, 2』, 『내가 살던 용산』(공저), 『문 밖의 사람들』(공저) 등이 있다.

새싹 인물전 **백남준**
029

1판 1쇄 펴냄 2010년 2월 20일   1판 13쇄 펴냄 2020년 5월 22일
2판 1쇄 펴냄 2021년 5월 28일   2판 2쇄 펴냄 2022년 5월 30일

글쓴이 공지희   그린이 김수박
펴낸이 박상희   편집장 전지선   편집 이지은   디자인 박연미, 지순진
펴낸곳 **(주)비룡소**   출판등록 1994.3.17. (제16-849호)
주소 06027 서울시 강남구 도산대로1길 62 강남출판문화센터 4층
전화 영업 02)515-2000 팩스 02)515-2007 편집 02)3443-4318, 9   홈페이지 www.bir.co.kr
제품명 어린이용 각양장 도서   제조자명 **(주)비룡소**   제조국명 대한민국   사용연령 3세 이상

ⓒ 공지희, 김수박, 2010. Printed in Seoul, Korea

ISBN 978-89-491-2909-9 74990
ISBN 978-89-491-2880-1 (세트)

# 「새싹 인물전」 시리즈

- 001 **최무선** 김종렬 글 이경석 그림
- 002 **안네 프랑크** 해리엇 캐스터 글 헬레나 오웬 그림
- 003 **나운규** 남찬숙 글 유승하 그림
- 004 **마리 퀴리** 캐런 월리스 글 닉 워드 그림
- 005 **유일한** 임사라 글 김홍모·임소희 그림
- 006 **윈스턴 처칠** 해리엇 캐스터 글 린 윌리 그림
- 007 **김홍도** 유타루 글 김홍모 그림
- 008 **토머스 에디슨** 캐런 월리스 글 피터 켄트 그림
- 009 **강감찬** 한정기 글 이홍기 그림
- 010 **마하트마 간디** 에마 피시엘 글 리처드 모건 그림
- 011 **세종 대왕** 김선희 글 한지선 그림
- 012 **클레오파트라** 해리엇 캐스터 글 리처드 모건 그림
- 013 **김구** 김종렬 글 이경석 그림
- 014 **헨리 포드** 피터 켄트 글·그림
- 015 **장보고** 이옥수 글 원혜진 그림
- 016 **모차르트** 해리엇 캐스터 글 피터 켄트 그림
- 017 **선덕 여왕** 남찬숙 글 한지선 그림
- 018 **헬렌 켈러** 해리엇 캐스터 글 닉 워드 그림
- 019 **김정호** 김선희 글 서영아 그림
- 020 **로버트 스콧** 에마 피시엘 글 데이브 맥타가트 그림
- 021 **방정환** 유타루 글 이경석 그림
- 022 **나이팅게일** 에마 피시엘 글 피터 켄트 그림
- 023 **신사임당** 이옥수 글 변영미 그림
- 024 **안데르센** 에마 피시엘 글 닉 워드 그림
- 025 **김만덕** 공지희 글 장차현실 그림
- 026 **셰익스피어** 에마 피시엘 글 마틴 렘프리 그림
- 027 **안중근** 남찬숙 글 곽성화 그림
- 028 **카이사르** 에마 피시엘 글 레슬리 뷔시커 그림
- 029 **백남준** 공지희 글 김수박 그림
- 030 **파스퇴르** 캐런 월리스 글 레슬리 뷔시커 그림
- 031 **유관순** 유은실 글 곽성화 그림
- 032 **알렉산더 벨** 에마 피시엘 글 레슬리 뷔시커 그림
- 033 **윤봉길** 김선희 글 김홍모·임소희 그림
- 034 **루이 브라유** 테사 포터 글 헬레나 오웬 그림
- 035 **정약용** 김은미 글 홍선주 그림
- 036 **제임스 와트** 니컬라 백스터 글 마틴 렘프리 그림
- 037 **장영실** 유타루 글 이경석 그림
- 038 **마틴 루서 킹** 베르나 윌킨스 글 린 윌리 그림
- 039 **허준** 유타루 글 이홍기 그림
- 040 **라이트 형제** 김종렬 글 안희건 그림
- 041 **박에스더** 이은정 글 곽성화 그림
- 042 **주몽** 김종렬 글 김홍모 그림
- 043 **광개토 대왕** 김종렬 글 탁영호 그림
- 044 **박지원** 김종광 글 백보현 그림
- 045 **허난설헌** 김은미 글 유승하 그림
- 046 **링컨** 이명랑 글 오승민 그림
- 047 **정주영** 남경완 글 임소희 그림
- 048 **이호왕** 이영서 글 김홍모 그림
- 049 **어밀리아 에어하트** 조경숙 글 원혜진 그림
- 050 **최은희** 김혜연 글 한지선 그림
- 051 **주시경** 이은정 글 김혜리 그림
- 052 **이태영** 공지희 글 민은정 그림
- 053 **이순신** 김종렬 글 백보현 그림
- 054 **오드리 헵번** 이은정 글 정진희 그림
- 055 **제인 구달** 유은실 글 서영아 그림
- 056 **가브리엘 샤넬** 김선희 글 민은정 그림
- 057 **장 앙리 파브르** 유타루 글 하민석 그림
- 058 **정조 대왕** 김종렬 글 민은정 그림
- 059 **나폴레옹 보나파르트** 남찬숙 글 남궁선하 그림
- 060 **이종욱** 이은정 글 우지현 그림

061 **박완서** 유은실 글 이윤희 그림
062 **장기려** 유타루 글 정문주 그림
063 **김대건** 전현정 글 홍선주 그림
064 **권기옥** 강정연 글 오영은 그림
065 **왕가리 마타이** 남찬숙 글 윤정미 그림
066 **전형필** 김혜연 글 한지선 그림

* 계속 출간됩니다.